Leo Lausemaus

freut sich auf die Adventszeit

Die Schneeballschlacht

Leo Lausemaus ist gerade aufgewacht, läuft zum Fenster und zieht die Gardine zur Seite. Da muss er plötzlich ganz stark blinzeln. So hell ist es!
»Juhu!«, ruft Leo. »Es hat geschneit!« Er nimmt Teddy an die Hand und rennt in den Flur. Leo will sich gerade eine Mütze und einen Schal anziehen, als Mama aus der Küche kommt.
»Halt, du Lausemaus! Wohin willst du denn?«, lacht sie.
»Ich möchte raus in den Schnee, Mama«, ruft Leo ungeduldig.
»Zuerst gibt es aber Frühstück!«, antwortet seine Mama. »Ohne Frühstück und einen warmen Kakao im Bauch sollten kleine Mäuse nicht im Schnee spielen.«

Gemeinsam mit Mama, Papa und Lili frühstückt Leo. Dabei guckt er immer wieder aus dem Fenster und hofft, dass der Schnee in der Zwischenzeit nicht schmilzt. Nach dem Frühstück muss Leo noch die Zähne putzen. Aber dann zieht er sich warm an und stürmt mit Teddy nach draußen. Kaum ist er um die Hausecke gesaust, kommt ein Schneeball angeflogen! Nanu, woher kam der denn, du Lausemaus? Leo kneift die Augen zusammen. Und jetzt sieht er seine Freunde. Didi und Hugo stehen zwischen den Tannen! Sie bücken sich und formen schon neue Schneebälle.

»Na, wartet«, murmelt Leo. Nun wirft er auch mit aller Kraft einen Schneeball. Aber Didi springt gerade noch rechtzeitig zur Seite und wirft lachend einen Schneeball zurück. Leo wird am Arm getroffen und muss kichern. Diesmal wirft er gleich zwei Schneebälle!
Hugo duckt sich ganz schnell. Aber er wird von dem dicken Schneeball erwischt und plumpst auf den Boden. Da müssen alle lachen. Und Hugo am allermeisten …
Was für ein toller Wintertag für Leo und seine Freunde!

Der Adventskranz

Nanu, was hat Leo Lausemaus denn vor? Voll bepackt mit Weihnachtsschmuck stürmt er in die Küche seiner Großeltern. »Hallo, Oma«, ruft er. »Da bin ich. Jetzt können wir mit dem Kranz anfangen!« Aha, Leo will also mit der Oma einen Adventskranz basteln. Zuerst binden die beiden Tannenzweige zusammen. »Guck mal, Oma«, erklärt Leo danach eifrig. »Ich habe

auch kleine Kugeln und Sterne zum Schmücken mitgebracht.«
Die Oma lächelt. »Toll, Leo. Und ich habe hier die Kerzen.« Sie
holt vier große rote und viele kleine weiße Kerzen hervor. »Aber
das sind doch viel zu viele, Oma. Wir brauchen doch nur vier.«
»Heute haben die meisten Adventskränze nur vier Kerzen«, erklärt
sie. »Aber den ersten Adventskranz hat sich ein Mann aus
Norddeutschland vor sehr vielen Jahren ausgedacht. Er hieß
Johann Hinrich Wichern und wohnte in einem großen Haus, in
dem auch viele Kinder lebten. Und wie alle Kinder fragten sie in
der Vorweihnachtszeit jeden Tag, wie lange
es noch bis Weihnachten dauert.

Also nahm Herr Wichern ein Wagenrad und schmückte es mit vier großen Kerzen für die Adventssonntage und vielen kleinen Kerzen für die anderen Tage bis Heiligabend. Jetzt brauchten die Kinder nur die Kerzen zu zählen, die noch nicht gebrannt hatten. Genauso viele Tage mussten sie noch warten.«

»Und so einen Kranz machen wir heute auch?«, fragt Leo aufgeregt. Die Oma nickt.

»Genau, Leo. So einen Kranz machen wir heute auch.«

Weihnachtliche Geschenkverpackung

Material:
- Butterbrotbeutel
- bunte Stifte, Glitzerkleber, Konfetti, Glitzersteine
- Kleber
- Tonkarton, Wellpappe oder Goldpapier
- Schere

Der Kreativität freien Lauf lassen und die Butterbrotbeutel nach Belieben mit bunten Stiften oder Glitzerkleber bemalen oder mit Konfetti, Glitzersteinen usw. bekleben.

 Schön zum Dekorieren der Geschenktüten sind auch aus Tonkarton, Wellpappe oder Goldpapier ausgeschnittene und aufgeklebte Sterne oder Tannenbäume.

Die fertigen Tüten können mit kleinen Geschenken für Familie oder Freunde befüllt werden!

Lasst uns froh und munter sein

Morgen kommt der Nikolaus! Leo ist schon ganz aufgeregt und sucht seine Stiefel. Hast du auch schon einen Stiefel vor die Tür gestellt?

2. Dann stell' ich den Teller auf,
Nik'laus legt gewiss was drauf.
Lustig, lustig, traleralera!
Bald ist Nikolausabend da,
bald ist Nikolausabend da!

3. Wenn ich schlaf', dann träume ich:
Jetzt bringt Nik'laus was für mich.
Lustig, lustig, traleralera!
Bald ist Nikolausabend da,
bald ist Nikolausabend da!

4. Wenn ich aufgestanden bin,
lauf' ich schnell zum Teller hin.
Lustig, lustig, traleralera!
Bald ist Nikolausabend da,
bald ist Nikolausabend da!

Text und Musik:
Josef Annegarn (1794–1843)

Bunte Plätzchen

Leo und sein Papa backen heute gemeinsam
Plätzchen – hmm, wie das schon duftet!
Hier ist Leos Lieblingsrezept. Habt ihr auch eines?

Für 40 Plätzchen

Zutaten:
250 g Mehl
125 g Zucker
2 Pck. Vanillezucker
1 Prise Salz
150 g kalte Butter
2 Eier (Größe M)

Außerdem:
Frischhaltefolie
Ausstechförmchen
Backpapier
Zuckerzeug
Schokostreusel
Silberperlen

1. Mehl in eine Schüssel geben und Zucker, Vanillezucker und eine Prise Salz darüberstreuen. Eine Mulde in die Mitte drücken und die Butter in Flöckchen auf den Rand setzen. Ein Ei in die Mulde geben und alles verkneten. Den Teig zu einer Kugel formen und in Frischhaltefolie einschlagen. Für eine Stunde in den Kühlschrank stellen.

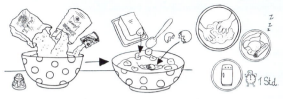

2. Den Teig auf einer bemehlten Fläche ca. 0,5 cm dick ausrollen und Formen ausstechen (z. B. Sterne, Herzen, Tannenbäume). Auf ein Blech mit Backpapier legen.

3. Den Backofen auf 180 Grad (Ober- und Unterhitze) vorheizen. Beim zweiten Ei das Eiweiß vom Eigelb trennen. Die Plätzchen mit dem Eigelb bestreichen und nach Belieben mit buntem Zuckerzeug, Schokostreuseln und Silberperlen verzieren.

4. Im vorgeheizten Backofen ca. 8–12 Minuten backen.

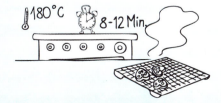

Schneemann
Weihnachtskarte

Leo liebt seine Familie – und dazu gehört auch seine Tante Ida. »Schade, dass sie so weit weg wohnt«, meint Leo. Aber seine Mama hat wie immer eine Idee: »Weißt du was, Leo, wir basteln eine Weihnachtskarte. Die schicken wir dann Tante Ida. Was glaubst du, wie sie sich darüber freut!«

Material:
- dunkles Tonpapier
- Lineal
- Bleistift
- Schere
- Fingerfarbe: weiß, rot, schwarz, braun, orange
- Glitzerstifte oder Filz- oder Buntstifte: weiß oder hellgrau
- Pinsel

1 Aus dem Tonpapier ein Rechteck ausschneiden und in der Hälfte falten.

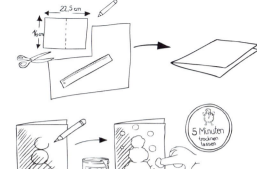

2 Auf die Vorderseite den Umriss eines Schneemanns zeichnen und ihn dann mit weißer Fingerfarbe betupfen. Noch ein paar weiße Schneeflocken auf die Karte tupfen. Trocknen lassen.

3 Danach dem Schneemann eine runde, orange Karottennase, schwarze Augen und einen schwarzen Mund tupfen, dazu 2 braune Besenarme und einen großen Hut. Die Farbe kann man übrigens auch mithilfe eines Gegenstands auftupfen. Dafür eignet sich z. B. der Stiel eines Kochlöffels.

4 Mit Glitzer-, Filz- oder Buntstiften kann die Karte jetzt beschrieben werden.

Kling, Glöckchen, klingelingeling

Am Weihnachtsabend singt Leo mit Lili und seinen Eltern gern Weihnachtslieder. Und damit das auch gut klappt und sich schön anhört, übt Leo, sooft er kann. Kennst du auch dieses Lied?

Kling, Glöckchen, klingelingeling, kling, Glöckchen, kling!
Lasst mich ein, ihr Kinder, ist so kalt der Winter, öffnet mir die Türen, lasst mich nicht erfrieren!
Kling, Glöckchen, klingelingeling, kling, Glöckchen, kling!

2 Kling, Glöckchen, klingelingeling,
kling, Glöckchen, kling!
Mädchen, hört, und Bübchen,
macht mir auf das Stübchen,
bring euch viele Gaben,
sollt euch dran erlaben.
Kling, Glöckchen, klingelingeling,
kling, Glöckchen, kling!

3 Kling, Glöckchen, klingelingeling,
kling, Glöckchen, kling!
Hell erglüh'n die Kerzen,
öffnet mir die Herzen!
Will drin wohnen fröhlich,
frommes Kind, wie selig.
Kling, Glöckchen, klingelingeling,
kling, Glöckchen, kling!

Text: Karl Enslin (1819–1875)
Musik: traditionell

Der Weihnachtsmarkt

Heute ist Leo mit Mama, Papa und Lili auf dem Weg zum Weihnachtsmarkt. »Vielleicht finden wir noch ein paar schöne Geschenke für Oma und Opa«, überlegt Mama. Leo wundert sich. »Aber die Geschenke bringt uns doch der Weihnachtsmann!«, ruft er.

»Das stimmt«, sagt Mama. »Aber es macht auch Spaß, selbst etwas zu verschenken.« Der Weihnachtsmarkt findet auf dem großen Rathausplatz statt. Schon von Weitem sieht Leo bunte Lichterketten. Als sie den geschmückten Platz erreichen, schnuppert er. »Hier duftet es richtig gut! Ich glaube, hier gibt es viele leckere Sachen!«, ruft Leo seinen Eltern zu. Und schon flitzt er los, um sich alles anzuschauen.

»Schau mal, Teddy!«, ruft Leo. »Da gibt es Kakao und Zuckerstangen!« Als er beim Stand mit den süßen, roten Zuckerstangen ankommt, entdeckt Leo auch noch ganz tolle Spielzeuge.

»Was es hier alles gibt!«, staunt er. Kleine, dicke Weihnachtsmänner mit roten Mützen, glänzende Kugeln für den Weihnachtsbaum und kleine Engel aus Holz.
Auf einmal steht seine Mama neben ihm und sieht erschrocken aus. Sie hat sich wohl Sorgen gemacht. »Hier steckst du also, meine Lausemaus«, sagt sie. »Du darfst doch nicht so weit vorlaufen! Hier sind so viele Leute, da konnte ich dich gar nicht mehr sehen!«
Erleichtert nimmt Mama Leo an die Hand und geht mit ihm zwei Stände weiter.

Hier steht Papa und hat Lili auf dem Arm.
»Wer hat Appetit auf eine Waffel mit Puderzucker?«, fragt er die zwei grinsend und reicht ihnen etwas auf einer Serviette. Als Überraschung für seine Mäusefamilie hat er nämlich schon vier Waffeln gekauft.

»Hm, lecker«, freut sich Leo und beißt zufrieden ein Stück ab. So ein Ausflug zum Weihnachtsmarkt macht richtig Spaß!

Der Weihnachtsabend

Endlich, es ist Heiligabend! Leo freut sich so sehr, dass
er kaum stillstehen kann. Er schaut zu, was in der Küche
passiert. Mama und Papa kochen, braten und schmecken
ab. Heute soll es ein weihnachtliches Festessen geben! Es duftet
so gut in der Küche, dass Leo schon großen Hunger bekommt.
Doch er muss mit dem Essen warten, bis Oma und Opa da sind.
Sie wollen alle gemeinsam essen.
Endlich ist alles vorbereitet. »Naschen verboten«, sagt Mama
lächelnd und geht sich umziehen. Für den Weihnachtsabend
machen sich alle schick. Ob Leo wohl alle Geschenke von seinem
Wunschzettel bekommen wird? Jetzt dauert es nicht mehr lange,
kleine Lausemaus …
Ein wenig später klingelt es an der Tür. Oma und Opa sind
angekommen!
»Hattet ihr eine gute Reise? Bestimmt seid ihr hungrig«, sagt Mama
und drückt die Großeltern zur Begrüßung.
»Hier duftet es so gut, dass man sofort Lust aufs Essen bekommt«,
sagt Opa. Dann setzen sich alle an den gedeckten Tisch. »Guten
Appetit!«, wünschen sie sich gegenseitig und essen die Leckereien.

Nach einer extra Portion Pudding ist die kleine Lausemaus richtig satt und zufrieden. Nach dem Essen gehen alle gemeinsam ins Wohnzimmer. Dort steht der wunderschön geschmückte Tannenbaum! Und da, an der Baumspitze, steckt der Stern, den Leo selbst gebastelt hat. Unter den Zweigen liegen auch schon die Päckchen,

die der Weihnachtsmann gebracht hat.
Zusammen singen sie alle ein schönes
Weihnachtslied.
Dann dürfen Leo und Lili endlich ihre
Geschenke auspacken.
Leo freut sich! »Guck mal, Mama, ich habe das
Flugzeug bekommen, das ich mir gewünscht habe!«, ruft er
stolz und zeigt sein Geschenk.
Was für ein toller Weihnachtsabend das ist! Die Augen der
kleinen Lausemaus funkeln wie die Sterne am Winterhimmel.
Denn Weihnachten ist so ein schönes Fest!

O Tannenbaum